QUINO

¡YO NO FUI!

EDICIONES DE LA FLOR

Quino
Yo no fui -8ª. ed. -Buenos Aires: Ediciones de la Flor, 2007.
128 p. ; 28x20 cm.

ISBN 978-950-515-700-6

1. Humor gráfico argentino I. Título
CDD A867

Diagramación y tapa: Pablo Barragán

Octava edición: agosto de 2007

© Joaquín Salvador Lavado (Quino)
© 1994 *by* Ediciones de la Flor S.R.L.
Gorriti 3695, C1172ACE Buenos Aires, Argentina.
www.edicionesdelaflor.com.ar

Hecho el depósito que dispone la ley 11.723
Impreso en la Argentina
Printed in Argentina

—VAMOS A VER: AQUÍ LA MAESTRA DICE QUE EL CABALLERO NO PONE SUFICIENTE CONCENTRACIÓN EN SUS TAREAS ESCOLARES. ¿PUEDE SABERSE POR QUÉ?

5

¡¡VAMOS, VAMOS...!! ¡¡MARCHANDO A NUESTRA SECCIONAL!!...

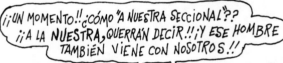

¡¡UN MOMENTO!! ¿CÓMO "A NUESTRA SECCIONAL"?? ¡¡A LA NUESTRA, QUERRÁN DECIR!! ¡¡Y ESE HOMBRE TAMBIÉN VIENE CON NOSOTROS!!

¿¡AH SÍÍÍ'?! ¡NO ME DIGA!! ¿NOS DAN ÓRDENES, AHORA? ¡AFIRMATIVO, SARGENTO.! ¡LE DOY ÓRDENES PORQUE ESTA ES MI JURISDICCIÓN!!..

¡¡JURISDICCIÓN TU ABUEMIQUIÉN?? ¡¡ESO NO SE LO PERMITO A NINGÚN HIJO DEQUÉ, DIJISTE?? ¡¡REPETILO SI SOS HOMBRYCLARO QUE LO REPITTÓRA VAS A APRENDER A RESPETAR A LA AUTORIDAD!!..

¡HALT!!

APURADO, EL CABALLERO ¡CARNET DE CONDUCTOR, POR FAVOR!

NO TENGO. ¡NI SIQUIERA TENGO AUTO!...

¡GRAVE, AMIGO, MUY GRAVE! NO CONDUCIR VEHÍCULO ALGUNO EN ZONA RESERVADA A AUTOMOTORES Y, ENCIMA, SIN DOCUMENTO QUE LO AUTORICE...¡MUY GORDA, LA COSA!

CLICK!

AGRADEZCA QUE NO PUEDO SECUESTRARLE NI VEHÍCULO NI CARNET, PERO DEBERÁ COMPARECER ANTE EL SR. JUEZ DE FALTAS....

...QUIEN LE NOTIFICARÁ SU SENTENCIA. ¡TENGA!

¿Y CIRCULAR A EXCESO DE IMAGINACIÓN POR SOCIEDAD CONSUMISTA, SERÁ PARA EL SR. JUEZ UN DELITO MUY GRAVE, DIGO YO?

~¡AH, CLARO, AHORA, "¡¿QUÉ HACE, GONZÁLEZ?!..",
"¡¿QUÉ HACE, GONZÁLEZ?!"....¡PERO TODAS LAS
VECES QUE GONZÁLEZ, LA ESTÚPIDA GONZÁLEZ, SE
LLEVÓ TRABAJO DE LA OFICINA PARA HACERLO EN
SU CASA, NADIE VINO A PREGUNTARLE "¿QUÉ HACE,
GONZÁLEZ?!!."...

—LA EMPRESA VALORA MUCHÍSIMO SU AGRESIVA VOLUNTAD DE ASCENDER A CARGOS CADA VEZ MÁS RESPONSABLES, PASCUTI, PERO QUEDA USTED DESPEDIDO, POR INÚTIL!!

—USTEDES SABEN MUY BIEN QUE MÁS QUE UNA EMPRESA SOMOS UNA GRAN FAMILIA, ¿VERDAD? BUENO, RESULTA QUE ABUELITO DIRECTOR SE HA IDO CON NUESTRA QUERIDA PRIMA TELEFONISTA LLEVÁNDOSE LO QUE TENÍAMOS EN LA ALCANCÍA, ASÍ QUE PAPÁ GERENTE Y MAMÁ JEFE DE PERSONAL LES DAN PERMISO PARA IRSE A LA CALLE TODO EL TIEMPO QUE QUIERAN, HIJITOS.

HASTA NO HACE MUCHOS AÑOS SE CREÍA QUE LAS MANCHAS SOBRE EL HONOR DE UNA PERSONA LA DESPRESTIGIABAN HORRIBLEMENTE.

ASÍ, ALGUNOS LAS OCULTABAN CON PECAMINOSO SIGILO.

OTROS, MÁS SUSCEPTIBLES, LAS LAVABAN CON SU PROPIA SANGRE

FELIZMENTE HOY, CAÍDOS AQUÉLLOS RIDÍCULOS PREJUICIOS, SE HA COMPROBADO QUE TALES MANCHAS NO SOLO NO CONSTITUYEN MENOSCABO ALGUNO SINO QUE, POR EL CONTRARIO, ELEVAN CONSIDERABLEMENTE EL CARISMA POLÍTICO-SOCIAL DE QUIEN LAS OSTENTA.

— (¡PST!, DISCULPE, PADRE; VEA, YO HACE TIEMPO QUE
ESTOY EN DEUDA MORAL. QUISIERA QUE UN DÍA
DE ESTOS USTED RECIBIERA LA CONFESIÓN DE
MIS PECADOS. ¿PODRÍA POR FAVOR DARME
SU NÚMERO DE FAX?)

¡TODOS UNOS DEGENERADOS, ESO ES LO QUE SON!
¡REINAN LA CORRUPTELA, LA AMORALIDAD, EL DESENFRENO!! ¡!NO HAY SINO LUJURIA, VICIO Y DEPRAVACIÓN.!!
¡PUTREFACTOS CONCUPISCENTES! ¡¡LIBERTINOS CON CARNET!!

¡¡SE AGIGANTAN LOS PROTERVOS!! ¡DESVERGÜENZA POR DOQUIER!!
¡¡SE DESMADRAN LOS PERVERTIDOS.!! ¡LA LASCIVIA!!...¡¡LOS BABOSOS
¡ENVILECIDOS.!! ¡¡DISOLUTOS.! ¡¡LIBIDINOSOS!! IMPÚDIC....

26

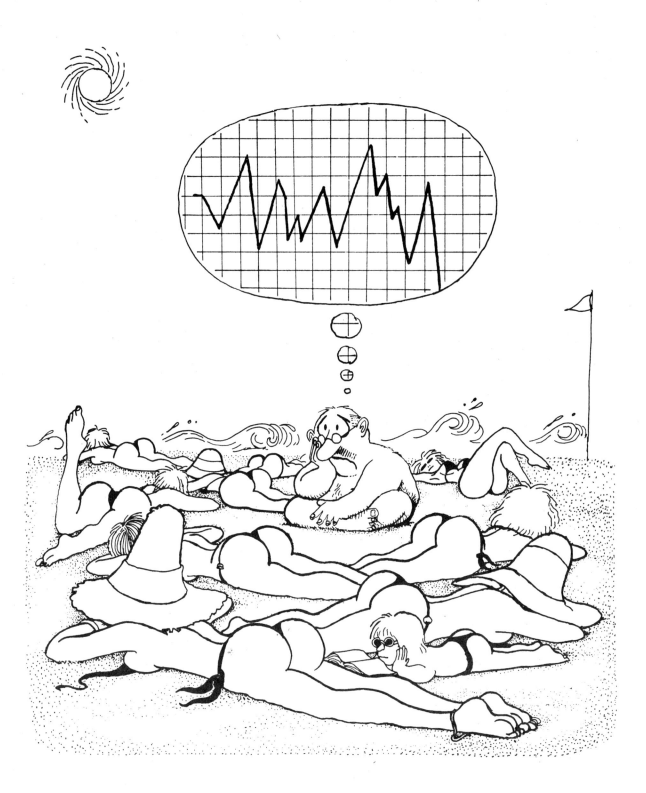

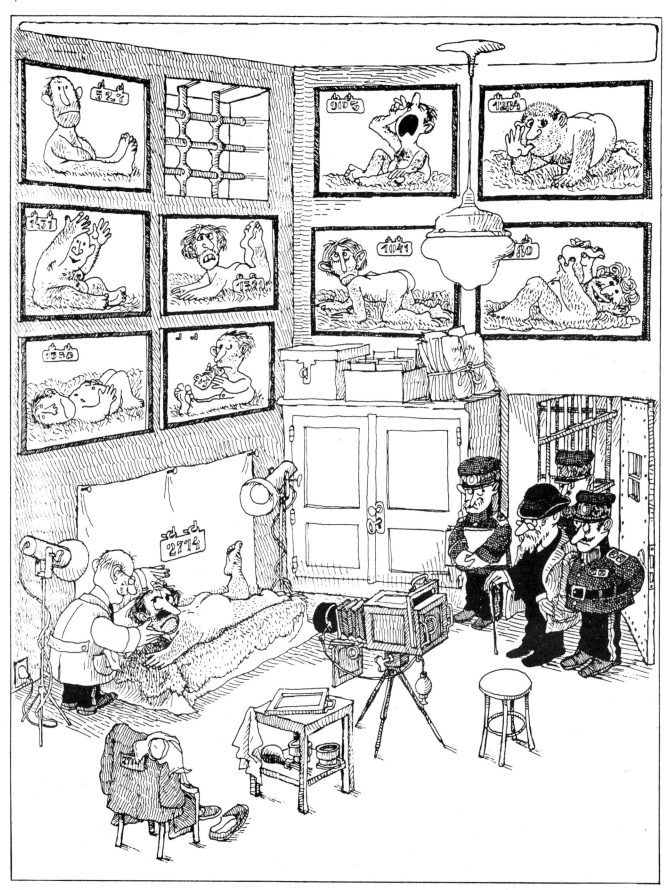

—PODEMOS AFIRMAR CON ORGULLO QUE SOMOS HOY LOS MÁS EVOLUCIONADOS EN MATERIA DE PREVENCIÓN DEL DELITO.

—A MÍ NO ME MOLESTA ESO DE QUE TODOS SEAMOS IGUALES MIENTRAS
NO EMPIECEN DESPUÉS A QUERER QUE TODOS SEAMOS PARECIDOS.

37

USTEDES LOS POBRES SÍ QUE RESULTARON UNA
ESPECIE PICARONA, ¿EH? PRIMERO SE LAS INGENIARON
PARA QUE YA LA BIBLIA LES HICIERA UNA PRENSA BUENÍSIMA,
Y, DESDE ENTONCES, MUCHO "NO TENEMOS PARA VIVIR - NO
TENEMOS PARA VIVIR" PERO NO SÓLO NO SE EXTINGUEN
SINO QUE CADA DÍA SON MÁS, ¡¡PILLINES!!......

MIRE, MARTINA, YO DIRÍA QUE PRIMERO LIMPIE EL DORMITORIO PRINCIPAL; COMO ES TAN GRANDE ES LO QUE MÁS TIEMPO LE LLEVA.

EN EL BAÑO EN SUITE TENGA MUCHO CUIDADO CON LA BAÑERA HIDROMASAJE, QUE SE RAYA NOMÁS DE MIRARLA.

SI QUIERE CALENTARSE ALGO RECUERDE QUE DENTRO DEL MICROONDAS NO SE PUEDE PONER NADA METÁLICO.

CUANDO VA AL MERCADO COMPRA YOGUR, COPOS DE MAÍZ, DE ARROZ Y NARANJAS PARA JUGO. YA SABE QUE SI NO, PARA EL SEÑOR UN DESAYUNO NO ES UN DESAYUNO.

LA LAVAVAJILLA PUEDE DEJARLA FUNCIONANDO, NOMÁS; YA SABE QUE SE PARA SOLA.

¡AH, EL PISO DEL CORREDOR, M'HIJA! TRATE DE ESMERARSE UN POCO MÁS CON LA CERA Y LA LUSTRADORA, QUE LA ÚLTIMA VEZ NO LO DEJÓ BRILLANTE COMO DEBIERA.

FÍJESE MIENTRAS LIMPIA DÓNDE PUEDO HABER DEJADO LAS LLAVES DEL COCHE, QUE LUEGO TENGO QUE SALIR Y LA SOLA IDEA YA ME DESTROZA LOS NERVIOS, ¡QUÉ HORROR! UD. NO SE IMAGINA LO QUE ES MANEJAR...

... SOLA, METIDA DENTRO DE UN AUTO EN MEDIO DE UNA JUNGLA DE COCHES, AUTOBUSES, MOTOS....

YO NO SÉ, ME PREGUNTO CÓMO DIABLOS PODEMOS VIVIR ASÍ, TODOS ENLOQUECIDOS,

A TAL HORA ESTO, A TAL OTRA AQUELLO, REUNIÓN DE AQUÍ, CITA DE ALLÁ; Y QUÉ ME PONGO, ¿SE DA CUENTA?

SÍ, SEÑORA, ME DOY CUENTA

EN CAMBIO USTED CON SU ROPITA SIEMPRE PULCRA Y CUIDADA, ¡QUÉ FELIZ!; EN FIN, BUÉH!..

...MIRE, MARTINA, YO DIRÍA QUE PRIMERO LIMPIE EL DORMITORIO PRINCIPAL; COMO ES TAN GRANDE ES LO QUE MÁS TIEMPO LE LLEVA. EN EL BAÑO EN SUITE.....

—¡¡ES UNA VERGÜENZA LO CARO
QUE SE ESTÁ PONIENDO SER RICO!!

¡LO MALO DE SER UN PERIODISTA OBJETIVO ES QUE UNO DEBE MANTENERSE AL MARGEN DE LOS ACONTECIMIENTOS, SIN PODER EMBANDERARSE CON NADIE!

UNA ENTUSIASTA MULTITUD DESFILO AYER EXPRESANDO SU INCONDICIONAL APOYO A...

NOTASE CIERTO DESCONTENTO EN ALGUNOS SECTORES.

¡LO BUENO DE SER UN PERIODISTA OBJETIVO ES QUE UNO PUEDE MANTENERSE AL MARGEN DE LOS ACONTECIMIENTOS, SIN TENER QUE EMBANDERARSE CON NADIE!

♪♫ DING·DONG ♪♫ ......

SEÑOR... (SÍ, GASTÓN) ...SUS IDEALES DE JUVENTUD.

¿OTTTRA VEZ?... ¡NO ESTOY!! ¡¡DÍGALES QUE NO ESTOY!!

SE LOS DIJE, SEÑOR, PERO USTED SABE: SON IDEALES JÓVENES, LLENOS DE FE. SE QUEDAN ESPERANDO SU REGRESO TODO EL TIEMPO DEL MUNDO

¡ENTONCES DÍGALES QUE ESTOY, PERO QUE NO QUIERO VERLOS! ¡QUE SON ANTIGUOS, RIDÍCULOS: AMOR, PAZ, JUSTICIA, IGUALDAD, HONRADEZ.... ¡HOY ESO NO SE LO CREE NI YO NI NADIE!! ¡¡DÍGALES QUE NO TENGO YA NADA QUE VER CON ELLOS!!

TAMBIÉN SE LOS DIJE, SEÑOR, PERO NO ME CREEN. DICEN QUE NO ES POSIBLE; QUE USTED JURÓ NO ABANDONARLOS JAMÁS.

¿AH, SÍ? ¡PUES SÉ DEFENDERME MUY BIEN DE MIS PROPIOS ERRORES! ¡AHORA VERÁN!!...

¡PÁWG! ¡PÁWG! ¡PÁWG! ¡PÁWG! ¡PÁWG!

¡IDEALES DE JUVENTUD! ¡JÁH! ¡NI UNO, QUEDÓ!!

NO CANTE VICTORIA EL SEÑOR; SABEMOS QUE RESUCITAN.

¡QUÉ VA!... ¡UN WHISKY, GASTÓN! ¡ME LO HE GANADO!!

ESTA VEZ ESTOY SEGURO DE HABER TERMINADO CON ESOS ESTÚPIDOS IDEALES .... DE JUVENTUD PARA SIEM .... PRE...

GASTÓN, MIRE, EL WHISKY..... MEJOR TODA LA BOTELLA, TRÁIGAME.

NO SÉ SI USTEDES RECUERDAN QUE AYER EL COMUNISMO HABÍA LEVANTADO UN MURO.

UN ¡IGNOMINIOSO MURO PARA IMPEDIR A LOS DEL LADO DE ALLÁ PASARSE AL LADO DE ACÁ

TAN MAL, QUE HICIMOS DE TODO PARA QUE AQUEL VERGONZOSO MURO CAYERA.

Y CAYÓ. GRACIAS A UN FATIGOSO TRABAJO POLÍTICO, A UNA INFINITA PACIENCIA VATICANA, A INTELIGENTES SERVICIOS DE INTELIGENCIA, AQUEL MURO, UN DÍA, CAYÓ.

HOY AQUELLA POBRE GENTE ESTÁ TRATANDO DE ACOMODARSE A NUESTRO SISTEMA; Y NOSOTROS DISPUESTOS A AYUDARLOS.

Y PARA AYUDARLOS A QUE VEAN CÓMO SE VIVE CON LIBERTAD, SUPERABUNDANCIA Y DEMÁS VENTAJAS, LOS DEJAMOS VENIR A MIRAR. .

....¡Y MÁS!.......¡¡Y MÁS!!....

UN LADO DE ACÁ EN EL QUE YA ENTONCES TENÍAMOS LIBERTAD, DESARROLLO, CONFORT Y, POR QUÉ NO DECIRLO: LUJO.

SABER QUE DEL LADO DE ALLÁ LA GENTE NO PODÍA VIVIR COMO DEL LADO DE ACÁ NOS TENÍA MUY MAL.

Y ESE DÍA EL MUNDO ENTERO FESTEJÓ EL FIN DE UNA PESADILLA MIENTRAS MILES Y MILES DE PERSONAS REDUCÍAN JUBILOSAMENTE EL MURO A UN MONTÓN DE CASCOTES.

DE HISTÓRICOS, SIMBÓLICOS CASCOTES QUE, A UN DÓLAR POR TROZO, MUCHOS, COMO YO, COMPRAMOS ENTUSIASMADOS.

Y ELLOS VIENEN, Y MIRAN. Y LES GUSTA.

TANTO LES GUSTA QUE MUCHOS DE ELLOS SE QUEDAN. Y ENTONCES VIENEN OTROS MÁS....

.....¡¡Y MÁS!! ¡¡¡Y YO QUE COMPRÉ TAN POCOS CASCOTES DE AQUEL CONDENADO BENDITO MURO!!! ¡¡¡LA MADRE QUE LO PA...!!!

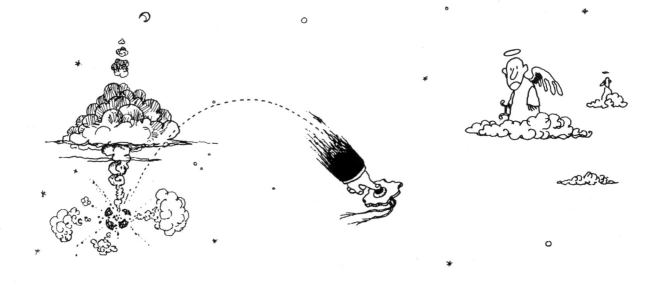

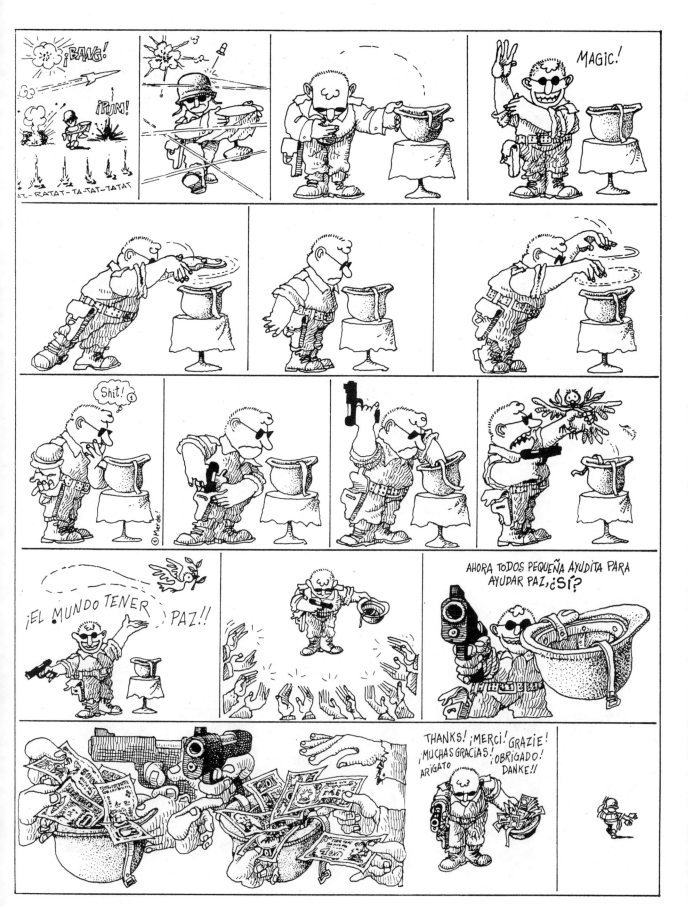

51

¡¡JOD...ÑO!!

¡TENEMOS MAL PROGRAMADO EL NACIMIENTO DE FUTUROS CUADROS CAPACITADOS EN VIOLACIÓN DE DERECHOS HUMANOS!

COMO NO EMPIECEN A NACER YA MISMO, PARA LA SEGUNDA DÉCADA DEL 2000 VAMOS A SUFRIR ESCASEZ DE GENTE QUE SEPA REPRIMIR, SECUESTRAR, TORTURAR....

...ORGANIZAR ESCUADRONES DE LA MUERTE, VIOLAR MUCHACHAS EMBARAZADAS...¡NADA!.. NI SIQUIERA ALGUIEN QUE AMETRALLE A UN NIÑO, VAMOS A TENER...¡QUÉ ASCO!...

¡NECESITO URGENTE EL DISQUETTE "CURRÍCULUM DE ALMAS"!! ¡VOLANDO!!...

ECCOLO!

VEAMOS.....

HMM!...ESTE ALMA...¡NO!...ESTA OTRA M...¡TAMPOCO!...LA SIGUIENTE, MMMH...... ...COSÍ-COSÍ

¡ESTA!..¡ESTA SÍ!.... ALMA Nº SEIS BILLONES OCHOCIENTOS SEIMIÑOSMILBESBENTOSTRINTIDO'S ¡EN CADA REENCARNACIÓN ESTUVO BÁRBARA! ARRANCÓ LENGUAS DURANTE LA INQUISICIÓN.....

...LUEGO OJOS EN CROACIA, CORTÓ MANOS EN ORIENTE, ESTUVO CON LA LEGIÓN EN NORDÁFRICA Y FUE "AGENTE DE SEGURIDAD" EN LATINOAMÉRICA.!! QUE SE PREPARE PARA LOS PAÑALES.

¡ATENCIÓN: ALMA Nº SEIS BILLONES OCHOCIENTOS SEIMIÑOSMILBESBENTOS TRINTIDOS!! ¡ATENCIÓN: ALMA Nº SEISB! ¿SÍÍÍ?

¡A REENCARNARSE! ¡¡UFFFA!!¡OTTTRA VEZ?

¡QUÉ TESORO!!... ...¡¡¡HIJITO!!!! ¡QUÉ TIERNO ES! ¡DULZURA DE LA NONNA!...

¡¡SONRÍE, QUIÉN SABE EN QUÉ PIENSA, POBRE ÁNGEL!!...

DEBES QUERER MUCHO-MUCHO A TU HERMANITO, PORQUE ÉL ES MUY BUENO, ¿SÍ?

PSIM...

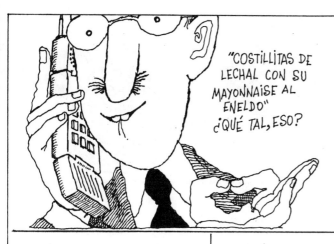

"COSTILLITAS DE LECHAL CON SU MAYONNAISE AL ENELDO" ¿QUÉ TAL, ESO?

AH, QUE MEJOR NO.... SI, ENTIENDO..... EL COLESTEROL... CLARO

ENTONCES...... A VER....."RIÑONCITOS ESCALOPADOS EN SALSA DE CHAMPIGNONS SAUVAGES"

¡CÓMO!..¡TAMPOC....? ¡¡LOS RIÑONCITOS!??¡ÁCIDO ÚRICO!!?....¡NO ME DIGA!!...

PUEEES...¡ESTO!: "CALDILLO DE MARISCOS EN VINO BLANCO CON CROÛTONS ÉPICÉS AL AJILLO"

¿LOS MARISCOS?¡¡PERO SI NO TIENEN GRASA, ¿QUÉ COLEST...?...AJHÁ'...¡AH!¿Y ADEMÁS, DE VINO NADA, POR LOS TRIGLICÉRIDOS?? PERO ENTONCES........

.....¿QUÉ PUEDO COMER, DOCTOR?

ESCUELA DE ALTA COCINA DIPLOMA

ECOLE PARISIENNE DE CUISINE DIPLOME GRANDMAITRE CUISINIER

UN TOMATE PARTIDO AL MEDIO. MEDIA PECHUGA DE POLLO, SIN PIEL Y SIN SAL, A LA PARRILLA.

ESTOS TELEFONITOS.....¡CÓMO HAN VENIDO A SIMPLIFICARLE LA VIDA A UNO!

59

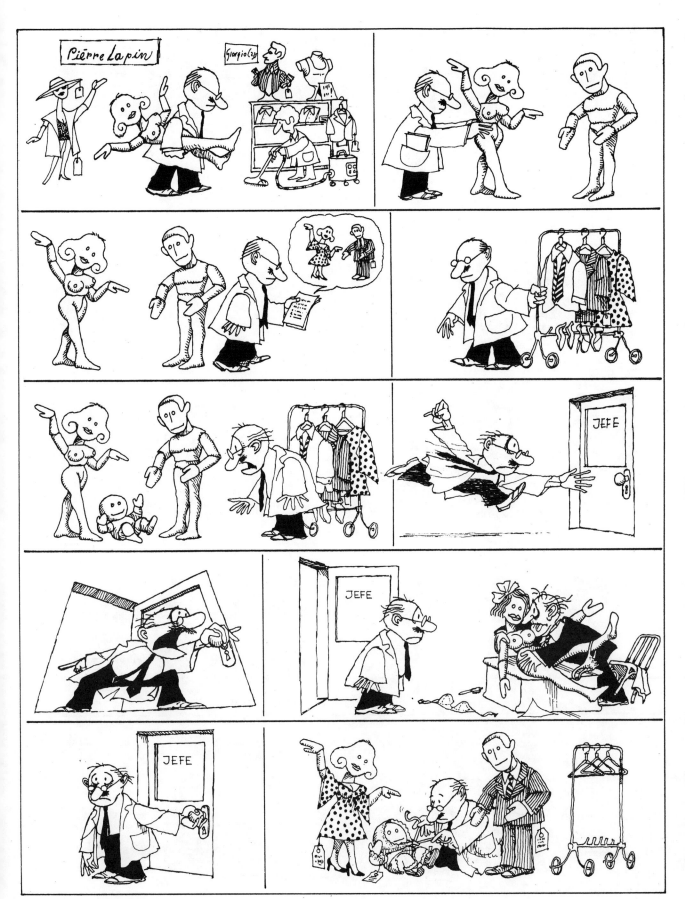

61

Querida Erika:

tus labios de fresa,...

..tus dientes de perla,...

...tu pelo de seda....

...y tus ojos de esmeralda...

...me han convencido de casarme con María,...

..que tiene labios de labio,...

...dientes de diente,...

...pelos de pelo....

...y ojos de ojo.

Por lo tanto, adiós.
Miguel

¿Por qué habrá intentado hacerlo?
¡Una muchacha tan bella!...

...con esos labios de fres....

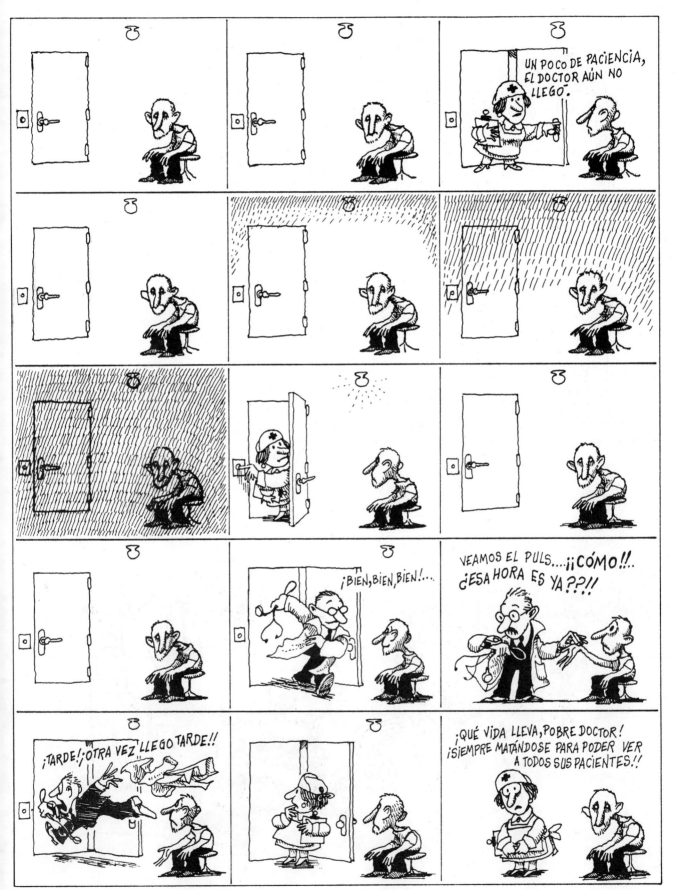

71

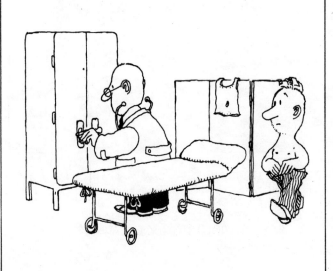

– VEA, DOCTORA, LE SOY FRANCA: YO SIGO MUY ATENTAMENTE TODAS ESTAS CAMPAÑAS
QUE ALERTAN SOBRE LOS RIESGOS DE CONTRAER EL SIDA, Y USTED PERDONE, ¿NO?
PERO SÉ QUE AQUÍ, EN UN CONSULTORIO, ESOS RIESGOS EXISTEN, ¡Y MUCHO!, ASÍ QUE
YO FUI, COMPRÉ Y TRAJE. PERO LO QUE SINCERAMENTE NO ENTIENDO ES DÓNDE DIA-
BLOS DEBEMOS COLOCARNOS ESTOS BENDITOS PRESERVATIVOS. ¿USTED UNO EN CADA
DEDO?, ¿YO EN LOS DIENTES?...¿DÓNDE, DOCTORA, DÓNDE?

BUENO, NO ES QUE YO SEA UN DON JUAN, PERO SI ME BUSCAN....

¡SÍ, YA SÉ: EL **SIDA**!! ¡¡YAL-LO SÉ!!!

¿CÓMO? ¿¡MÉTODOS PROFILÁCTICOS? ¡AH, NO! ¡ABSOLUTAMENTE NO.!!..

¿YOOO? ¿YO USAR ESA COSA? ¡¡POR FAVOR.!! ¿Y EL PLACER? ¿DÓNDE ESTÁ EL PLACER?

¡ES COMO DUCHARSE CON EL PIJAMA PUESTO, COMO SABOREAR BOMBONES SIN DESENVOLVERLOS, COMO ADMIRAR A DEGAS..

...CON ANTIPARRAS DE ESQUIAR, COMO TAPONARSE LOS OÍDOS PARA ESCUCHAR A MOZART.!!! ¡NO SEÑOR!!

LA MEJOR PROFILAXIS ES SABER ELEGIR CON QUIÉN VA UNO. HAY QUE MOVERSE DENTRO DE UN CIERTO NIVEL SOCIAL.

YO ME MANEJO SÓLO CON GENTE, DIGAMOS, DE CALIDAD: ESPOSAS DE INSOSPECHABLES HOMBRES DE ALTO RANGO, HIJAS DE SERIOS...

...COLEGAS PROFESIONALES, COMPAÑERAS DE INTACHABLES EMPRESARIOS, HACENDADOS, INDUSTRIALES.... EN FIN, GENTE CUIDADOSA, SERIA, RESPONSABLE. COMO UNO.

SEÑOR, LO LLAMÓ UNA DAMA. DESEA TENER UNA CITA PREVIA CON USTED.

¿CITA PREVIA? ¡ME FASCINAN LAS MUJERES CAUTELOSAS! ¿DIJO ALGO MÁS?

QUE VOLVERÁ A LLAMAR A LAS DIEZ EN PUNTO, SEÑOR

Y, ADEMÁS, PUNTUAL ¿QUIÉN DIABLOS SERÁ?

—¡NO, HIJO, NO!... ¡LOS ANILLOS!... ¡LOS **OTROS** ANILLOS!

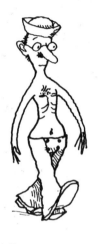

—¡¡MADRE MÍA QUÉ SED!!...¡¡TODA LA NOCHE SOÑANDO QUE ESTABA NO SÉ CON QUIÉN!!...

NADA, ES LA ÚLTIMA ESTUPIDEZ QUE
SE LE HA OCURRIDO PARA ESCRIBIR
SOBRE TODAS LAS TONTERÍAS QUE
INVENTA

¡¡NO AGUANTO MÁS A ESTE GATO EN CASA!!

¡TODO EL DÍA AHÍ EN ESE SOFÁ!! ¡¡ASÍ ESTÁ QUEDANDO, POBRE SOFÁ!!...

¡¡CÓMO DIABLOS PUEDE UN GATO PASARSE LA VIDA TIRADO AHÍ LEYENDO EL DIARIO?¡¡Y, ENCIMA APESTANDO CON ESE MALDITO TABACO!!!

¡Y PENSAR QUE DE JOVEN CAZABA RATONES!..¡Y ME LLEVABA A BAILAR, Y NOS HACÍAMOS ILUSIONES DE QUE PROGRESARÍA EN EL EMPLEO Y PODRÍAMOS IRNOS A UNA CASA MEJOR!!

¡CASA MEJOR!¡JÁH!¡PROGRESAR EN EL EMPLEO!!... ¡DE LOS CUATRO GATOS LOCOS QUE TRABAJABAN AHÍ, ¿QUIÉN FUE EL ÚNICO QUE JAMÁS SUPO PROGRESAR? ¡ÉL, CLARO!   ¡EL MÁS PELAGATOS!

¡MENOS MAL QUE, GRACIAS A QUE YO ME DESLOMÉ TRABAJANDO, TENGO MI JUBILACIÓN!¡PORQUE SI HUBIERA ESPERADO ALGO DEL GATO!..

¡ASÍ QUE BASTA YA DE GATO!¡NO AGUANTO MÁS A ESTE GATO EN CASA!!

"NO CONTENIENDO NI
ADITIVOS QUÍMICOS
NI CONSERVANTES
ARTIFICIALES, SE
GARANTIZA QUE
ESTE PRODUCTO HA
SIDO CONFECCIONADO
CON GENUINAS
PORQUERÍAS
NATURALES "

MODERNO TESTAMENTO
GÉNESIS DEL FIN

1.1. Al principio del fin creó el Hombre maquinarias e industrias. Y el planeta era limpio y fértil. Pero la Ambición Humana se cernía sobre la faz de la tierra.

2. Dijo el Hombre: Haya revolución industrial, y multiplíquense las fábricas, y elévese el humo de sus chimeneas hasta ennegrecer los cielos de cenizas de carbón y gases de petróleo.

3. Y los cielos ennegrecieron. Y el Hombre llamó Progreso a los cielos ennegrecidos. Y vio el Hombre que el Progreso era bueno. Y hubo luz y hubo tinieblas. Día primero.

4. Y dijo el Hombre: Puesto que el Progreso es bueno, enseñoreémonos de todo cuanto nos ha sido dado; de todos los animales de la tierra, y todas las aves del cielo, y todos los peces del mar, y de todas las aguas.

5. Y también de toda hierba y todos los árboles que produzcan simiente sobre la faz de la tierra. Y regodeóse el Hombre con su obra, pues nadie había que fuese más inteligente que él.

6. Pensó entonces el Hombre: No es bueno que el petróleo esté solo; hágase la energía nuclear. Y la energía nuclear se hizo. Y sus escorias, y las del petróleo, esparciéronse por todas las aguas y cielos de la tierra.

7. Y he aquí que comenzó a extinguirse todo lo que al Hombre le fue dado; los animales de la tierra, las aves del cielo, los peces del mar, y toda hierba y todo árbol que producían simiente sobre la faz de la tierra.

8. Y vio el Hombre todas las cosas que había hecho; y eran en gran manera irreparables. Día segundo.
9. Quedaron, pues, acabados los cielos y la tierra, y todo lo que sobre ella vivió.

10. Y completó el Hombre al tercer día su obra. Y, orgulloso de ella, el día tercero reposó, feliz, bajo la tierra.

ESTABA YO TRANQUILO PENSANDO, CUANDO DE PRONTO....¡ZÁS, ME VINO UNA IDEA!!......

....Y COMO DESDE CHICO ME INCULCARON QUE UNO DEBE LUCHAR POR SUS IDEAS....

....SALÍ A LA CALLE DISPUESTO A DEFENDERLA COMO FUESE.

¡¡LA VIDA DEBIERA SER MÁS LARGA!!

¡EXCELENTE IDEA, ASÍ UNO PODRÍA SEGUIR CAMBIANDO SU AUTO POR UNOS AÑOS MÁS!!

¡MÁS LARGA, SÍ; Y MÁS ANCHA! ¡YO QUIERO UNA VIDA LARGA Y ANCHA.!!

¡ESO! Y ASÍ SE ACABA AQUELLO DE QUE CUANDO UNO TIENE LA EXPERIENCIA JUSTA PARA DISFRUTAR LA VIDA..., ¡ÑA'CATE!!

¡¡SERÍA MARAVILLOSO!!

¡¡LOS HUEVOS FRITOS SON UN INVENTO SENSACIONAL.!!

¡¡AFIRMATIVO, AFIRMATIVO!!

¡¡HMMMM....CON PAPITAS!! ¡MAESTRO.!

¡¡EL MUNDO SIN HUEVOS FRITOS SERÍA ALGO ESPANTOSO!!

¡SÍ SEÑOR! ¡¡Y QUE EL JODIDO COLESTEROL VAYA A ASUSTAR A SU ABUELA.!!

¡BRAVO! ¡BRAVÍSSIMO!!

¡¡HASTA QUE NO ASUMAMOS QUE NOSOTROS SOMOS NOSOTROS, NO SEREMOS NADIE!!

¡ADMIRABLE REFLEXIÓN!!

¡QUÉ LUCIDEZ! ME LO HA SACADO DE LA PUNTA DEL CEREBRO

COMPARTO PLENAMENTE

¡¡¡CUÁNTA VERDAD!!

¡POR FIN ALGUIEN QUE DICE LO QUE SE DEBE DECIR!

¡QUÉ POCO MARGEN PARA EL HEROÍSMO NOS DEJA HOY LA SOCIEDAD A QUIENES QUEREMOS LUCHAR POR NUESTRAS IDEAS!

M.FUX
ARQUITECTO
CONSTRUCTOR

101

—....¡PERO SI YO LO DE LA HUMEDAD LO ENTIENDO, EN MUCHOS HOTELES HAY HUMEDAD, LO QUE NO ENTIEN....¡BUENO, SÍ, SERÁ LA CIUDAD LA QUE ES HÚMEDA.!..Y ESO DE LA HUMEDAD LO COMPRENDO, LO QUE NO PUEDO ADMIT... ¡¡NO, PERO PERMÍTAME, YA SÉ QUE HA LLOVIDO MUCHO.!!..Y LE REPITO QUE LO DE LA HUMEDAD ESTÁ CLARO. LO QUE NO ME CABE EN LA CABEZA ES CÓMO UN HOTEL DE ESTA CATEG...¡NO, NO, USTED SE EQUIVOC...SÍ QUE SE EQUIVOCA, SEÑOR.!!.. ¡¡CONOZCO HOTELES, YO.!!¡¡AH.!!¿NO CONOZCO HOTELES, YO??¡¡POR FAV.!!...

—VEA, GONZÁLEZ, **TODOS** SOMOS SENSIBLES AL IMPACTO PSICOLÓGICO DE LAS ESCENAS QUE NOCHE A NOCHE NOS MUESTRA LA TELE- VISIÓN, PERO ¿PUEDO PEDIRLE QUE, POR FAVOR, TRATE DE QUE ESAS IMÁGENES NO LO ACOMPAÑEN CADA DÍA A LA OFICINA?

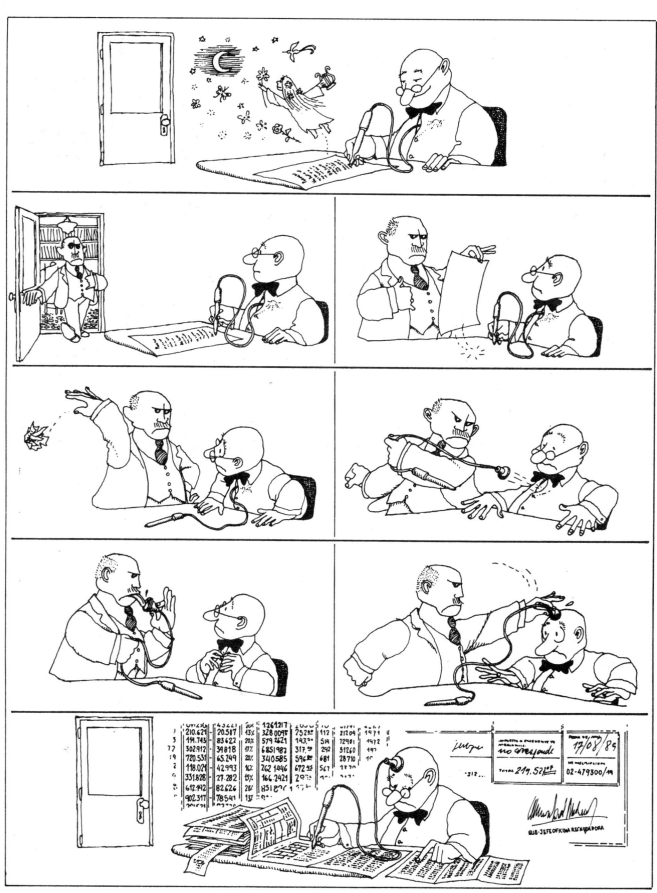

—SÍ, MIRE FABIANA, LA LLAMÉ PARA ADVERTIRLE
QUE POR FAVOR HOY SEPA DISCULPARME.
¡¡ESTOY EN UNO DE ESOS DÍAS!!.........

MAMÁ, ¿VOZ VAZ A EZTAD ZIEMPDE, ZIEMPDE CON ÉZTE NENE?

¡SÍ, HIJITO! ¡MAMÁ VA A ESTAR SIEMPRE, SIEMPRE CON ÉSTE NENE!!

¡MENTIDOZA!

¡ETE JUGUETE EZ UNA ███████! ¡EZO EZ ETE JUGUETE!!

¡ESA ESCUELA DE ███████ ES UNA ███████!!

¡¡AQUÍ TODO ES UNA ███████!!

¡NOS CASAMOS, AUNQUE MI SUELDO SEA UNA ███████!!

¡A VER SI APAGAN YA ÉSA ███████!!

COMPRENDO, DOCTOR... ¡SOY UN VIEJO CON UNA SALUD DE ███████!!

¡FINALMENTE DEJO ESTE MUNDO DE ███████ TRAS UNA VIDA DE ███████!...

¡ARREPIÉNTETE DE TUS BLASFEMIAS! ¿NO TEMES SER CASTIGADO?

¿CASTIGADO YO? ¡¡JÁH!!... ¡¡UNA ███████!!

Esta edición de 3.000 ejemplares se terminó de imprimir
en **GRÁFICA GUADALUPE**, Av. San Martín 3773
(B1847EZI) Buenos Aires, Argentina, en agosto de 2007.